Nous remercions le Conseil des Arts du Canada ainsi que la Société de développement des entreprises culturelles du Québec (SODEC) pour l'aide accordée à notre programme de publication. Nous reconnaissons l'aide financière du gouvernement du Canada par l'entremise du Programme d'aide au développement de l'industrie de l'édition (PADIE) pour nos activités d'édition. Canadä

Le Loup de Gouttière
347, rue Saint-Paul
Québec (Québec)
G1K 3X1
Téléphone : (418) 694-2224
Télécopieur : (418) 694-2225
Courriel : loupgout@videotron.ca

Dépôt légal, 4e trimestre 2000
Bibliothèque nationale du Québec
Bibliothèque nationale du Canada
ISBN 2-89529-026-1
Imprimé au Québec

Philippe Jonnaert

Maya et Maïpo

Conte à compter

Illustrations Nathalie Lemay

Les petits loups
Le Loup de Gouttière

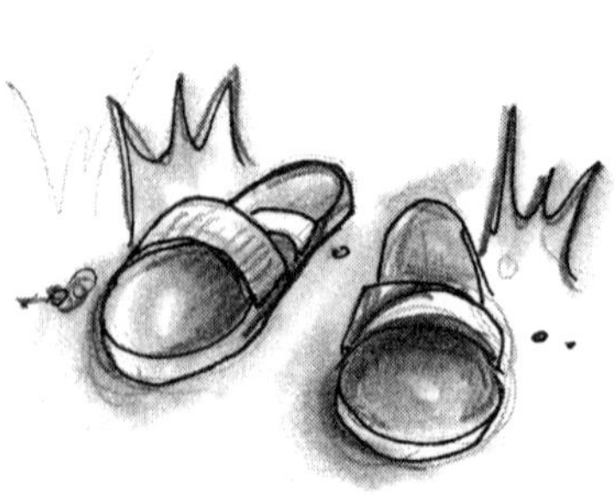

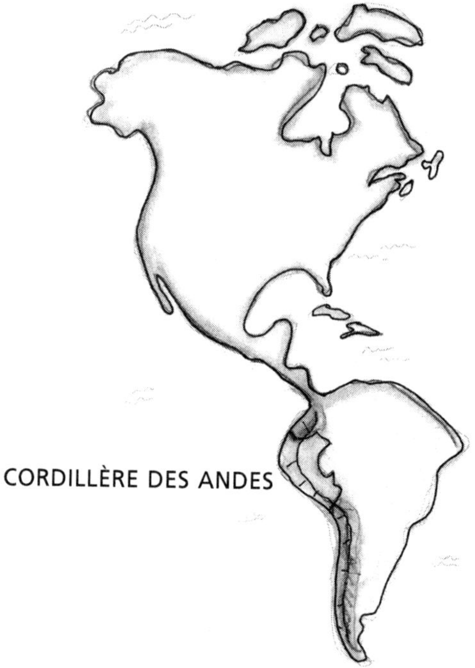
CORDILLÈRE DES ANDES

DEUX PETITS BERGERS

1

Maya et Maïpo sont des jumeaux. Ils vivent avec grand-père loin dans la cordillère des Andes. Maya et Maïpo habitent un tout petit village aux pieds des montagnes. Leur maison est blottie au creux d'une vallée entourée d'herbages et de vergers. Maïpo est souvent dans la lune. Un rien le distrait. Si un papillon passe, il abandonne tout pour le suivre, la tête en l'air. Maya a la tête sur les épaules. Elle réfléchit à ce qu'elle

fait. Maya a toujours envie de bien faire ce qu'on lui demande.

Le jour, les enfants gardent les moutons de grand-père. Grand-père a beaucoup de moutons. Maya et Maïpo les promènent dans les pâturages. Là, ils ont toujours de l'herbe fraîche. Maya et Maïpo regardent les moutons pendant qu'ils se régalent de la belle herbe. Des brindilles vertes collent à leurs babines. Des pâquerettes dépassent de leur bouche trop remplie. Maïpo rit de leur gourmandise. Maya est vigilante, elle surveille les moutons. Elle a toujours peur d'égarer des moutons dans la montagne.

Des fleurs forment de petites taches blanches ou bleues au

milieu des pâtis verts. La montagne enchanteresse entraîne Maïpo dans ses rêveries. Son regard est attiré par la montagne qui se dessine sur le ciel bleu. Un petit nuage blanc s'est posé sur le sommet le plus élevé. Il ressemble au bonnet de laine que Maïpo porte en hiver. Maïpo voudrait gambader jusqu'au bonnet de nuage.

L'écho des sonnailles du troupeau résonne d'un versant de la vallée à l'autre. Maya rassemble les moutons qui s'écartent trop du troupeau. Ils sont attirés par le bruit d'un ruisseau qui dégringole de la montagne.

LES NOUVEAUX-NÉS

2

C'est le début du printemps. Les sommets de la montagne sont encore couverts de neige. Ce sont les dernières traces de l'hiver. Plusieurs agneaux viennent de naître. Ils ont agrandi le troupeau. Les jumeaux s'en occupent particulièrement. Les agneaux sont chétifs. Ils ont du mal à suivre le troupeau. Ils sont maladroits sur leurs hautes pattes fragiles. Maïpo adore prendre le plus petit sur ses épaules. Son duvet est tellement doux. Maïpo rit parce que l'agneau lui chatouille les oreilles avec la langue. Maïpo ne fait plus attention au restant du troupeau. Il joue avec les agneaux. Il caresse le plus petit, il câline un autre agneau et le prend dans ses bras.

Maya s'inquiète, elle crie :

– Fais attention, Maïpo. Si nous égarons des moutons, grand-père ne sera pas content.

Maya ne sait plus où donner de la tête. Le troupeau avance en désordre. Il y a des moutons dans tous les sens. Maïpo est resté derrière, il joue avec les agneaux. Maya insiste :

– Maïpo, cesse de jouer. Viens m'aider. Surveille les moutons avec moi.

La journée s'achève. Les enfants songent à rentrer le troupeau à la bergerie. Grand-père attend les jeunes bergers et les moutons avant que la nuit ne soit tombée. Maya rassemble le troupeau. Maïpo aide enfin Maya. Ils courent à gauche, à droite. Ils ramènent les brebis qui sont allées déguster l'herbe fraîche plus loin dans la montagne. Les jumeaux ont peur d'avoir égaré un mouton. Grand-père va les compter. S'il manque un seul mouton, ce sera la catastrophe.

Le troupeau se met enfin en route. Il redescend vers la vallée. Maya marche d'un pas volontaire devant le troupeau. Maïpo suit avec les agneaux. Il leur montre une alouette qui monte en chantant dans le ciel.

LES POTS DE GRAND-PÈRE

3

Le troupeau arrive devant la bergerie. Maya et Maïpo sont essouflés. Ils ont marché très vite. Grand-père les attend devant la maison. Grand-père est assis sur sa chaise retournée. Il appuie ses bras croisés sur le dossier.

Chaque jour, grand-père scrute l'horizon depuis que le soleil s'efface derrière les montagnes jusqu'au moment où il voit apparaître les deux bergers et le troupeau. Grand-père se lève et redresse lentement son long corps maigre et puissant. Il regarde son troupeau et les jumeaux fatigués. Son regard est inquiet. Il plisse le front. Maya et Maïpo devinent à peine ses yeux cachés derrière ses paupières plissées. Ses yeux sont camouflés sous ses épais sourcils broussailleux. Grand-père a posé la tête dans sa grande main gauche tout en gardant les bras croisés. Il se frotte lentement le menton avec le pouce. Il fronce les sourcils.

Le soir, grand-père vérifie si tous les moutons sont revenus. Il a deux petits pots en terre cuite devant lui : un pot foncé et un pot clair. Grand-père a placé dans le

pot clair autant de cailloux qu'il a de moutons dans son troupeau. Grand-père demande à Maya et Maïpo de faire défiler le troupeau avant de les amener à la bergerie.

– Faites passer les moutons devant moi, je vais vérifier si le troupeau est complet.

Chaque fois qu'un mouton passe devant lui pour rentrer dans la bergerie, grand-père retire un caillou du pot clair et le place dans le pot foncé. Les gestes de grand-père sont lents et précis. S'il reste des cailloux dans le pot clair, c'est que tous les moutons ne sont pas rentrés. Ce soir, lorsque tous les moutons sont passés devant grand-père, il reste plusieurs cailloux dans le pot clair.

– Catastrophe ! se dit Maya. Des moutons sont restés dans la montagne !

Grand-père se retourne vers Maya et Maïpo. Il les regarde sévèrement en agitant le pot clair. On entend le bruit des cailloux restés dans le pot. Il retourne sèchement le contenu du pot clair aux pieds des jumeaux inquiets. D'une voix grave, grand-père dit :

– Vous avez égaré dans la montagne autant de brebis que de cailloux qui sont là devant vous. Demain, il faudra les retrouver.

Le soleil s'est déjà couché. Il fait noir. Les deux enfants ferment la porte de la bergerie. Ils baissent la tête et se dirigent, penauds, vers la maison. Grand-père se retourne sans regarder les jumeaux et rentre dans la maison d'un pas ferme. Il se gratte la tête. Il veut que cela ne se reproduise plus. Mais, comment faire, les deux bergers ne savent pas encore compter ? Grand-père, nerveux, veut trouver une solution. Il s'installe dans son fauteuil à bascule en face du feu et réfléchit. Maya et Maïpo, fatigués par cette longue journée, sont vite montés dormir après le souper. Épuisés, ils se sont endormis aussitôt. Les moutons aussi sont fatigués. Ils se reposent dans la bergerie.

Grand-père se lève et marche en rond autour de la table, puis se rassied dans le fauteuil. Il allume une pipe qu'il laisse s'éteindre, puis la rallume. Demain matin, les deux bergers repartent avec le troupeau dans la montagne. Grand-père n'a pas de solution au problème. Il est tard. Soudain, il a une idée. Il disparaît dans son atelier.

LES CAILLOUX DE GRAND-PÈRE

4

Ce matin, grand-père s'est levé plus tôt que d'habitude. Il attend Maya et Maïpo dans la cuisine. Quand Maya et Maïpo se lèvent, le soleil brille déjà dans le ciel. Grand-père a préparé le déjeuner de nos deux amis. Mais aujourd'hui, Maya et Maïpo voient deux étranges sacs posés sur la table de la cuisine. Grand-père a préparé deux sacs en toile : un rouge et un noir. Le sac noir est rempli de petits cailloux.

– Dans le sac noir, il y a autant de cailloux que de moutons dans notre troupeau, dit grand-Père à Maïpo.

Le sac rouge est vide. Grand-père attache les deux sacs à la ceinture de Maïpo et il lui dit encore :

– Lorsque le soleil est au plus haut dans le ciel, tu dois faire passer tous les moutons devant toi. Chaque fois qu'un mouton passe, tu retires un caillou du sac noir et tu le places dans le sac rouge. S'il reste des cailloux dans le sac noir, c'est que vous avez égaré des brebis. Vous devez partir à leur recherche et les ramener dans le troupeau.

Maïpo et Maya écoutent attentivement grand-père. Maya et Maïpo promettent de faire bien attention et de ne plus égarer un seul mouton. Maïpo va vérifier le troupeau avec les deux sacs et les cailloux comme grand-père le demande.

Maya et Maïpo se mettent en route avec le troupeau. Ils repartent pour la montagne. Les deux bergers sont bien décidés de ne plus décevoir grand-père.

La ceinture de Maïpo est lourde avec tous ces cailloux. Il avance difficilement, le tronc penché en avant. Maya lui demande de marcher plus vite, mais Maïpo traîne à cause du poids des cailloux dans le sac noir pendu à

sa ceinture. Il progresse moins vite que les moutons sur les sentiers escarpés. Lorsque le soleil est au plus haut dans le ciel, Maïpo est encore loin derrière le troupeau.

Maya est seule pour faire avancer les moutons. Maïpo n'arrive pas pour dénombrer les animaux avec les deux sacs et les cailloux. Lorsqu'il parvient enfin près de sa soeur, il est fatigué et lui donne les deux sacs. Maya vérifie le troupeau. Quand elle a terminé de faire passer tous les moutons devant elle, il reste plusieurs cailloux dans le sac noir.

Grand-père va être furieux, il manque encore des moutons. Vite, Maïpo et Maya partent à leur recherche. Ils laissent là le reste du troupeau. Sans leurs bergers, les moutons se dispersent dans les pâturages, les buissons et les bosquets. Lorsque Maïpo et Maya reviennent avec les moutons qui s'étaient égarés, le reste du troupeau s'est éparpillé.

Maya se retourne vers Maïpo. Son regard trahit son angoisse. Maïpo se sent coupable. Il a marché plus lentement. Les deux bergers regroupent les moutons pour les ramener à la bergerie avant qu'il ne fasse noir. Mais le crépuscule arrive trop vite. Il est temps de rentrer pour ne pas être surpris par la nuit.

Les jumeaux ramènent le troupeau à la bergerie. Ils ne sont pas fiers.

LA COLÈRE DE GRAND-PÈRE

5

Lorsque grand-père a fini de vérifier le troupeau, il reste plusieurs cailloux dans le pot clair.

Grand-père est furieux. Il se retourne et foudroie du regard les jumeaux. Il ne décolère pas.

– Nous n'aurons bientôt plus de moutons ! crie grand-père aux oreilles de ses petits bergers désemparés.

Grand-père rentre dans la maison. Il marche d'un pas sec, claque la porte et s'installe devant la cheminée. Il ne dit pas un mot, son visage est fermé. Il fait balancer nerveusement son vieux fauteuil à bascule. On entend le crépitement du feu et le grincement du plancher sous le fauteuil de grand-père.

Maya et Maïpo sont désespérés. Ils se font les plus discrets possible.

6

Grand-père regarde les flammes danser dans le feu. Il tire fort sur sa pipe. Son visage est caché par un nuage de fumée. Les deux enfants n'osent pas le déranger. Inquiets, ils l'observent en silence. Ils restent à l'autre bout de la pièce, assis à la grande table de cuisine.

Soudain, grand-père sursaute et s'écrie :

– Eurêka! Eurêka ! Je pense que j'ai trouvé.

Grand-père disparaît dans son atelier. Il revient beaucoup plus tard. Grand-père tient deux étranges instruments dans les mains. Les jumeaux n'ont pas quitté leur place. Étonnés, ils regardent grand-père. Maya lui demande enfin:

– Mais qu'est-ce que c'est ? À quoi cela va-t-il servir, grand-père ?

Grand-père a le visage traversé par un large sourire. Il est détendu. Confiant, il dit aux enfants :

– Voilà deux outils qui vont vous servir à ne plus perdre nos moutons dans la montagne. Toute la journée, Maya va tenir le grand bâton en main. J'ai fait des encoches sur le bâton. Chaque petite encoche correspond à un mouton. Il y a autant d'encoches qu'il y a de moutons dans notre troupeau. Ce grand bâton peut aussi servir à faire avancer les moutons. Parfois, quand tu seras fatiguée, Maya, tu pourras aussi t'appuyer dessus.

Maya regarde le bâton, il est plus grand qu'elle. Elle dit au grand-père :

– Mais comment vais-je faire pour savoir si tous nos moutons sont là ?

Grand-père pose la main sur l'épaule de Maya et lui répond :

– C'est bien simple, tu places ton doigt sur l'encoche la plus haute sur le bâton et chaque fois qu'un mouton passe devant toi, tu descends d'une encoche. Lorsque tout le troupeau est passé, tu dois être arrivée à la dernière encoche. S'il reste des encoches, c'est qu'il manque des moutons.

Grand-père est heureux. Il a enfin retrouvé le sourire. Cette fois, Maya espère bien ne plus le décevoir. Elle est si triste lorsqu'elle voit que grand-père est mécontent. Maya regarde avec fierté son grand bâton et toutes ses encoches. Elle voudrait déjà être dans la montagne et dénombrer les moutons.

– Et moi ? Et moi ? Est-ce qu'il n'y a rien pour moi ? dit Maïpo.

Il voudrait aussi un bâton ou une autre invention de grand-père.

7

Maïpo est surpris de ce que lui présente grand-père. Grand-père s'est accroupi devant Maïpo. Il lui fixe une nouvelle ceinture à la taille. Elle est toute légère cette fois. Grand-père fait tourner Maïpo devant lui. Maïpo lui tourne le dos. Grand-père attache la ceinture en faisant un solide noeud dans le dos de Maïpo. Grand-père se relève ensuite et regarde avec satisfaction la ceinture de Maïpo. Maïpo est amusé. Il sourit et regarde cette étrange ceinture. Grand-père lui explique :

– Pour toi, j'ai préparé cette ceinture spéciale. Regarde bien. À la ceinture pendent d'autres morceaux de corde. Sur ces morceaux de corde, il y a chaque fois des nœuds. Il y a autant de nœuds sur ta ceinture qu'il y a de moutons dans le troupeau. Lorsque le troupeau passe devant toi, chaque fois que tu regardes un mouton, tu fais glisser ta main sur le nœud suivant. Tu commences avec le nœud qui est le plus haut sur ta ceinture.

Maïpo a pris les morceaux de corde en main. Il fait glisser les nœuds entre ses doigts. Il

s'imagine déjà dans la montagne. Il fait mine de dénombrer les chaises autour de la table de la cuisine, comme si c'était des moutons.

– Je ne serai plus distrait. Je vais ramener tous les moutons. Je te le promets grand-père.

Maïpo et Maya sortent de la maison et se précipitent en riant fort dans le jardin. Les jumeaux utilisent leur nouvel outil et dénombrent tout ce qu'ils peuvent : les arbres du verger, les fleurs des parterres, les poules du poulailler, les fenêtres de la maison. Ils jouent longtemps dans le jardin. Grand-père les regarde. Il est satisfait. Mais il se fait tard. Il est temps d'envoyer les enfants au lit.

– Allez, assez joué. Il faut se reposer.

Vite, Maya et Maïpo montent se coucher. Ils prennent leur nouvel outil dans leur lit. Les deux bergers s'assoupissent. Ils rêvent déjà qu'ils ramènent le troupeau au complet. Maïpo fait glisser ses doigts sur les nœuds de la corde. Maya compte ses moutons et déplace sa main sur les encoches du bâton.

LE BONHEUR DE GRAND-PÈRE

8

Maya et Maïpo sont partis très tôt ce matin. Maya marche devant le troupeau la tête haute. Elle s'appuye régulièrement sur son bâton. Maïpo suit le troupeau. Il ne lâche pas les morceaux de corde de sa nouvelle ceinture. La journée est belle. Le soleil brille dans le ciel. Les pâturages sont décorés par des milliers de fleurs printanières. Les deux bergers ne comptent pas encore. Avec les outils de grand-père, Maya et

Maïpo parviennent cependant à dénombrer les moutons. Le soir, grand-père vérifie le troupeau. Ce soir, il ne reste aucun caillou dans le pot clair : tous les moutons sont rentrés. Grand-père ne peut cacher sa joie. Il a préparé une surprise pour les jumeaux. Après le souper, il leur annonce une grande nouvelle :

– Bientôt, Maya et Maïpo vous irez à l'école. Vous apprendrez à compter. Ainsi, vous n'aurez plus besoin de ces outils pour vérifier si le troupeau est complet.

Maya et Maïpo bondissent de joie. Ils sautent chacun sur un genou de grand-père. Maya embrasse la joue droite de grand-père et Maïpo la joue gauche.

– Nous pourons tout compter. Et puis, nous apprendrons aussi à lire et à écrire. Et puis on se fera de nouveaux amis. C'est vraiment chouette grand-père.

Après le souper, les jumeaux vont jouer dans le jardin. Ils oublient leurs outils de dénombrement et jouent à l'école. Maya a le rôle de l'enseignante. Elle a du fil à retordre avec son élève Maïpo. Il est toujours dans la lune. Les bourdons sont de retour. Maïpo est fasciné par ce gros insecte qui butine de fleur en fleur. Il rêve déjà qu'il est un bourdon. Maya n'est pas contente :

– Ce n'est pas comme ça que tu apprendras quelque chose à l'école !

Maïpo sourit. C'est vrai, il a envie d'apprendre mille et une choses. Il veut tout connaître sur les insectes, sur les fleurs et sur les étoiles. Les pommiers de grand-père sont en fleurs. Plus loin, on voit les montagnes. Le soleil qui glisse doucement derrière elles. On dirait qu'il dit à Maya et Maïpo:

– À demain !

QUIPU INCA

Le *quipu inca* était utilisé au Pérou, en Bolivie et en Équateur jusqu'au milieu du siècle dernier. Il était utilisé par les bergers des hauts-plateaux de la cordillère des Andes pour dresser l'inventaire de leur troupeau.

Le *quipu* était composé de deux faisceaux de ficelles. Une série de ficelles blanches servait à consigner les ovins : les moutons, les agneaux, les chèvres, etc. Un faisceau de ficelles vertes permettait de réaliser l'inventaire des bovins : les taureaux, les vaches, etc.

Chimpu

Le *chimpu* est encore utilisé de nos jours par les bergers indiens de Bolivie et du Pérou. Il est composé d'un seul rameau de ficelles. Une cordelette unique donne le compte des unités ; les dizaines sont représentées par autant de nœuds regroupant deux cordelettes, les noeuds des centaines regroupent trois cordelettes, les unités de mille regroupent quatre cordelettes et ainsi de suite. L'ordre de ces cordelettes correspond ainsi à un système décimal.

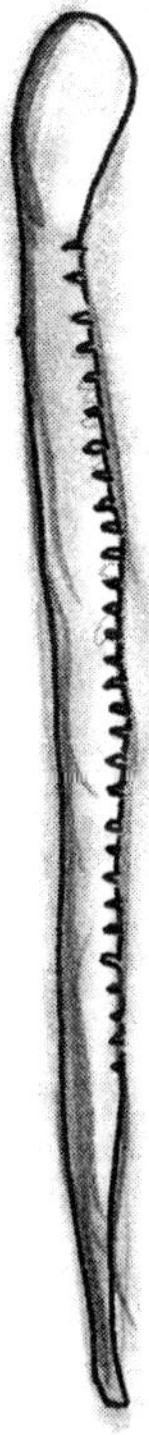

TABLE

L'AUTEUR

Depuis toujours, PHILIPPE JONNAERT se passionne pour les mathématiques. Il se passionne aussi pour les contes qui mettent en scène des héros qui apprennent à compter. Aujourd'hui, il enseigne à l'Université du Québec. *Maya et Maïpo* est le premier d'une série de contes mathématiques qu'il publie au Loup de Gouttière.

L'ARTISTE

Originaire de Québec, NATHALIE LEMAY vient d'obtenir son diplôme d'études collégiales en graphisme. Elle a déjà collaboré à la conception graphique de personnages virtuels et a réalisé plusieurs décors pour le théâtre. Passionnée par les voyages et l'art contemporain, elle ouvre grand les yeux sur le monde et dessine ce qu'elle voit ou imagine...

POUR EN SAVOIR PLUS SUR L'AUTEUR

Depuis plusieurs années, PHILIPPE JONNAERT s'intéresse à l'enseignement et à l'apprentissage des mathématiques auprès des jeunes enfants. Professeur à l'Université du Québec à Montréal, il a expérimenté plusieurs approches de l'enseignement des mathématiques à l'école primaire. Ses travaux sont publiés dans différents ouvrages dont *L'enfant-géomètre* aux éditions Plantyn à Bruxelles (1994) et *Créer les conditions d'apprentissage* aux éditions De Boeck-Université à Paris et Bruxelles (1999).

PHILIPPE JONNAERT a publié une douzaine d'ouvrages spécialisés consacrés aux mathématiques, une douzaine d'articles publiés dans des revues scientifiques et a collaboré à divers collectifs sur le même sujet.

Son expérience d'enseignant au primaire l'a convaincu de solliciter l'imaginaire des jeunes afin de les éveiller à cette matière tout en la rendant plus accessible. Sa démarche est solidement ancrée dans le mouvement nord-américain de la philosophie pour enfants initié par Matthew Lipman.

Cette année, il publie aux éditions Stanké, *Géhenne,* son premier récit de fiction et au Loup de Gouttière, *Maya et Maïpo* le premier d'une série de *contes à compter*.

DANS CETTE COLLECTION

1 • SAMU Sylvie Nicolas
2 • AU PAYS DES BABOUCHKA
Sylvie Nicolas
3 • ENCORE UNE LETTRE
DU BOUT DU MONDE
Raymond Pollender
4 • LES JOURS DE SARAH Sylvie Nicolas
5 • UN TRAIN POUR KÉNOGAMI
Hélène de Blois
6 • LE PETIT HOMME BLOND Roxanne Lajoie
7 • L'OISEAU DE MALIKA Rollande Boivin
8 • L'ENFANT QUI N'AVAIT PAS DE NOM
Lise-Anne Pilon-Delorme
9 • LES ŒUFS • IL ÉTAIT DOUZE FOIS...
Collectif
10 • MYSTÈRE ET GOUTTES DE PLUIES
Louise-Michelle Sauriol
11 • DEUX YEUX JAUNES Rollande Boivin
12 • FRIDA ET KAHLO Sylvie Nicolas
13 • LES AILES DE LOU Gabriel Lalonde
14 • LES RATS D'ÉLODIE Judith LeBlanc
15 • LE VOYAGE D'ONCLE PATIENT
Christian Matte
16 • LOUNA ET LE DERNIER CHEVALIER
Martine Latulippe
17 • MAYA ET MAÏPO Philippe Jonnaert

6 ans et plus
7 ans et plus
9 ans et plus

Achevé d'imprimer
en octobre 2000 sur les presses
de AGMV/Marquis imprimeur
de Cap-Saint-Ignace.